The most wonderful works dedicated to all people who enjoys arts
謹獻給所有喜愛藝術的朋友

Although presented in a light hearted way for the enjoyment of the reader, most will realize that Queen Miao Rain is a fictional character who has been created by the 2W group to reflect royal lifestyles for over 1,200 years, using fine arts based research into historic collections from 5,000 years of history.

考古文物 10

太陽神鳥國女王·妙雨
THE QUEEN

黃毓麟 著

蘭臺出版社

CONTENT 目錄

五千年前的一段歷史

跟大家述說一段五千年前的一段歷史：太陽神鳥國妙雨女王 𓅓𓅓

「妙雨，太陽神鳥國第十四位君主，十六歲登基。出生前適逢太湖地區縱橫千里大旱之年，出生當日天降甘霖，連五十日，遂得名。其母妙喜女王 𓅓𓆖 對之疼愛有加，百姓也因大雨天降深信其來自神界之天命，對其忠誠不二。妙雨女王是太陽神鳥國綿延一千兩百多年間罕見之政治家、戰略家。

妙雨為君，深沉有大略，用兵如神。為鞏固君權，中央（今杭州瓶窯鎮）設置上朝，築王宮比鄰神殿。為加強對諸侯王（今江蘇常州、江陰、無錫、上海青浦福泉山等地）和地方高官（今浙江海寧、佘墩廟、桐鄉、上海金山、江蘇昆山為代表）之監察，在地方設置六十州部護衛史，負責督察次級別之三百郡國公渠犁屯田。妙雨又開創察舉制，遣吏至長江中上游地區部落擢拔人才，因之國力大盛，東併茶牙，南吞苦鹿，西征燎母，北破鬼常，史稱十神翼之戰。如此，遂奠定太陽神鳥國獨霸萬邦之局面，國威遠揚，諸部來朝，終結了前兩代妙吾女王 𓅓𓆓、妙喜女王數十年來積弱不振、外患不斷之苦楚。

妙雨登基後二十七年（西元前 3187 年），崩於九鳥宮，享年四十三歲，葬於香陵 𓊖。妙雨駕崩，由其女妙唯 𓅓𓆷 繼位，成為國之女王。一千兩百多年間，由

於妙雨的偉大貢獻，妙氏掌管太陽神鳥國長達二十六世，是貴族中最為尊貴的一支。」

太陽神鳥國妙氏好幾代女王所修築的都城，歷經五千年後，被稱為「良渚古城」，在 2017 年底引來近 30 位來自美國、英國、法國、義大利、加拿大、澳大利亞、奈及利亞、墨西哥、以色列等國的考古界專家，其中包括各國科學院院士七位。專家們到良渚遺址現場考察後，一起參加「第三屆世界考古論壇良渚古城水管理系統國際學術研討會」（參見 2017.12.15 都市快報）。美國辛辛那提大學教授弗農斯卡伯勒說：「良渚的水利系統，可能將改寫中國歷史，也可能將改寫世界歷史！」

從 2019 年 7 月 7 日起這座被後人稱為良渚古城遺址的地方，已成功列入《世界遺產名錄》，成為中國第 55 項世界遺產。

好了，我得開始說我為什麼出版這本書的原因。因為，那是我的歷史使命。

大約在 1993 年底，有朋友看過我佩戴了一個刻有「卿公北府」四字的漢代玉佩，就讓他一對老夫婦朋友把我約了去，說有清代老傢俱想讓給有緣人。我買了這老夫婦的一對太師椅，然後說我辦公室的空間有限，沒辦法買更多了。那對一看就是出自世家的老夫婦經過一陣商量，進屋裡拿出了一件史前的玉鐲。我一眼看到就愛上了！這是我擁有第一件五千年前的玉器。（收錄在《宮華五十選》一書第九選）

1995 年底，兩岸關係非常緊張，好多人賤價拋售資產移民海外。那時有位在臺北逸仙路 26 巷 1 號開設古董店的女老闆，也想把她在仁愛路的大房子以八百萬台幣賤讓給我，我動心了（現在至少值一億多元以上），正要往下談的時候，那對老夫婦打了電話給我，把畢生收藏的古玉都拿出來讓我挑選。從此，我便繼承了保護這些寶物的責任。

奇特的是自此以後，好像寶物會呼喚寶物一樣，我陸陸續續地收藏了許多絕美的遠古玉器。其中，許多看得出來都是明清以來藏家的傳世珍藏品，每每思及這些傳世玉器躲過了近幾百年的總總動盪、經歷無數戰爭洗禮，還能安然地到達我的手中，心中便油然升起小心呵護的使命感。

幾年後，位於倫敦的英國國立維多利亞阿伯特博物院的兩位學養豐富的人，一

位是比我大不了幾歲的 Rose Kerr 和另一位 Ming Wilson. 他們兩位代表了世界一流博物館 Victoria & Albert Museum 邀請我們（綠隱書房）的古玉藏品到倫敦去做展覽。其中，Rose Kerr 是維多利亞與阿爾伯特博物館遠東部的館長。這個邀請的主軸是以我們綠隱書房的各類古玉精品，加上英國國立維多利亞阿伯特博物院本身的庫藏進行合展，可與大英博物館的中國古玉互相爭輝！

在拜會維多利亞與阿爾伯特博物期間，兩位學者對我一直都很親切，領著我看安排藏品展出的場地和展廳，對我的藏品給予許多珍貴的觀點與肯定。在佈置展廳時，特別計畫放一個古墓，更加讓人有身歷其境的震撼感。

Rose Kerr 她是一位英國藝術史學家，專攻中國藝術，是研究中國青銅器和陶瓷方面的專家。在研究中國陶瓷方面她寫了很多書。此外，她個人還是劍橋大學李約瑟研究所的榮譽院士，同時也是格拉斯哥大學的榮譽院士。

Ming Wilson 與 Rose Kerr 的專業很相似，著有《英國大維德美術館暨維多利亞博物院藏堂名款瓷器 Rare Marks on Chinese Ceramics》、《英國國立維多利亞阿伯特博物院 中國古玉珍藏》等等。她對我們的藏品給了許多評價，比如說在紅山文化古玉上，她認為那件被稱為「馬蹄形器」（實際非常可能就是紅山文化王者的玉冠）應該列為我諸多紅山文化館藏中的「鎮館之寶」；又比如說，她看到我館一對錯

金銀玄武鎮，捧在手中欣賞甚久，直呼太珍貴了，（同類文物中）從來沒見過這麼好的藏品。（更多的故事可參見《人生就實現兩個字：改變》一書）

從此之後，我們更是小心翼翼地守護這些寶貝，並時不時地拿出來比較、研究。二十幾年來，我們常常有一種感覺，看著手中的藏品，想像幾千年前佩戴他們的人物，是多麼的豔光四射！每次都這麼想，但是這種想像也一直只停留在想像。

激發我們籌備出版《THE QUEEN》的遠因，是「埃及艷后」。

世稱「埃及艷后」的，指的就是兩千多年前古埃及托勒密王朝（Ptolemaic Kingdom of Egypt）的末代女王，生於西元前 69 年，卒於西元前 30 年 8 月 12 日。她才貌出眾，聰穎機智，擅長手段，胸有城府，一生富有戲劇性。特別是捲入羅馬共和國末期的政治漩渦，同凱撒、安東尼關係密切，並伴以種種傳聞逸事，使她成為文學和藝術作品中的著名人物。最終，她被一條毒蛇咬死，同時也結束了埃及的生命，長達 300 年的埃及托勒密王朝也告結束。自此，埃及成為了羅馬帝國的一部分，直到 5 世紀西羅馬帝國的滅亡。

她富有戲劇性的一生，使她成為文學和藝術作品中的著名人物。

埃及有艷后，難道我們沒有艷后嗎？有，必然有。不但有，根據我們藏品各式

精美的玉飾推論，許多最高規格的一定是屬於王后級別的女人佩戴。於是，我們仔仔細細研究了有關考證良渚文化的各類文獻，一個清晰的輪廓勾勒了出來。

我西華的總裁洪明雅與副總裁黃鑫，負責以女人的觀點挑選出頭飾、髮飾、頸飾、手飾、臂飾、服飾、腳飾後，齊了。只是五千年前，女王穿什麼呢？似乎符合一般人對「史前人類」的刻板印象，裸體包裹獸皮嗎？真是這樣的話，看到五千年前他們便能琢磨出無比精美的各類玉器，在衣服上會停留在裸體包裹獸皮嗎？萬萬不會！

於是，我們找來了洪福伸。洪福伸在大學時期主修織品，所以相較其他服裝專業的設計師來說，他更喜愛紡織品與纖維自身的美感與工藝層面；洪福伸在輔仁大學織品服裝研究所階段，除了更精進紡織的理論基礎外，系所內有豐富的傳統服飾收藏，特別是台灣原住民的傳統梭織布料；他們透過紋樣與顏色去紀錄生活，這文化的傳承讓他深受感動。

經過洪福伸仔細的研究，他認為，良渚文化距今五千年左右，沒有任何一種天然纖維紡織品，能夠完整的保存這麼長的時間，所以當時服裝的款式以及工藝程度，我們只能透過出土文物以及其他記載的文字來進行推敲。從大量精緻度不同的玉器能判斷，良渚文化已發展出完整的階級制度；而王后一定是穿戴最高工藝品質之服

飾以及玉器的精品。

最早記錄服裝儀制的文字資料都講述，黃帝時期是現代服裝款式的起源，《機賦》說：「古者衣皮即服裝也，衣裳未辨。羲、炎以來，裳衣已分，至黃帝而袞冕。」也就是說，早於炎黃時代的民族以獸皮作為主要的服裝，並未出現上下分開的服裝款式。《九家易》：「黃帝以上，羽皮革木以禦寒暑，至乎黃帝，始制衣裳，垂示天下。衣取象乾，居上覆物，裳取象坤。」也說明黃帝以前的人類，會使用鳥羽裝飾在衣著上；至於顏色的選擇在《後漢書‧輿服下》中說明：「取諸乾𡿨。乾𡿨有文，故上衣玄，下裳黃。日月星辰，山龍華蟲，作繢宗彝，藻火粉米，黼黻絺繡，以五彩章施於五色作服。」

透過與洪福伸的討論，我們一致認為，衣裳以黑天黃土為主色，搭配自然界動、植物，昆蟲之五彩來裝飾，而當時已有技術能夠利用礦物以及植物對紗線染色。鑑於玉器上有屬於其文化特有的紋路，我們完成了第一張服裝設計圖（見附），然後進行下一個重要的步驟：我們組織了「天龍特攻隊」(The A Team)，把必要能實現計劃的所有人才都延請聚合，大家各展其擅，為崇高的夢想分頭盡力。

我們跟韓蕙琦探討了原住民工藝後，由她引薦了適合我們需要的工藝師。然後又跟謝伊笛討論原住民排珠設計與配飾製作的實際情況。定案後，我們便邀請台灣太魯閣族工藝師吳瑪琍 (Tapasyapu)，用傳統梭織製作服裝所需布料與織帶，並裝

飾五彩紋路；又邀請魯凱族工藝師巴千惠（Lrebelrebe），手工繡出太陽紋路並且設計獸皮披肩，以及縫製皮革。又邀請魯凱族何梅香（Lauviyu）設計繡出頭套太陽紋飾與製作。

完成後，又希望在服裝上增添華貴感以及多元種族元素，以西方蘇美文化的包繞長袍款式作為設計發想，改變成雙向包繞長袍，更突顯了飛鳥崇拜的鳥型文化輪廓。

是王后，還是女王？

現在，我們腦海了出現了最後一個疑問。我們想恢復的是五千年前的王后，還是女王？

我猛然想起與好友孫守道相處時，他告訴我說當時他們遼寧省考古研究所發掘出牛河梁的「女神廟」時，他便認為那個距今五、六千年間的「女神」，可能就是「女王」。這個「女王」像的頭部真人大小，面塗紅彩，雙眼鑲嵌青色玉片，就當時而言，已經十分考究。

我根據這個回想，做了點研究。

原來，我們老祖宗從一萬年前開始，即進入了母系氏族社會。所謂母系氏族，就是每個氏族的全體成員都有一個共同的老祖母，他們是以母系血緣為紐帶聯結在

一起的。在母系社會中，女人對權力、資源、財產的支配權大於男人，氏族是以女人為中心建立起來的。浙江餘姚的河姆渡文化、河南的仰韶文化、西安的半坡文化、東北的紅山文化，都是母系氏族社會文化的代表。

牛河梁的「女神廟」可能就是當時的「女王宮殿」。殿的建築南北十八米餘，東西寬近七米。牆壁彩繪裝飾，室內並發現有大量的人物塑像碎塊，有頭、肩、手以及乳房等部位的殘塊，均屬女性。紅山文化以遼河流域中遼河支流西拉沐淪河、老哈河、大淩河為中心，分佈面積達 20 萬平方公里，距今五、六千年左右，延續時間達兩千年之久。紅山文化處於母系氏族社會的全盛時期，主要社會結構是以女性血緣群體為紐帶的部落集團，晚期逐漸向父系氏族過渡。

既然如此，北方同時期的紅山文化處於母系氏族的全盛時期，南方實力更強盛的良渚文化，當然也可能是母系氏族的全盛時期。所以，就在籌備拍攝前，我們改了定調：由拍攝我們自己的「埃及艷后」，改為良渚文化時期的「太陽神鳥國女王」！

上古時期的事，我們無從確定，但這樣的定調也是極大程度貼近史實。就連「太陽神鳥國女王」之後的兩千多年，也就是完成於西元前 239 年戰國時期的巨著《呂氏春秋》也說，「昔太古嘗無君矣，其民聚生群處，知母不知父」，描述的就是這時期的情況。

重現「太陽神鳥國女王」！

經過了九個多月在服裝上的設計與製作，臨拍攝前兩個日夜，感謝蕭素卿、李新紅兩位幫助洪福伸做最後毫無休息的縫製與調整。然後通知我們精心挑選的團隊成員，模特兒陳姿妙、彩妝及髮型設計何柏蒼、攝影師韓嶽良、燈光助理黃建豪及鄭為仁，花了好漫長的時間，從 2019 年 12 月 26 日上午開始佈景，到晚上八點一氣呵成，把「太陽神鳥國女王」重現給世人。其中分為女王作為「大祭司」，以及「女王」本身兩個部分詮釋。

這本女王書《The Queen》的設計與製作，我們還是決定交由已完成另一本著作《宮華五十選》的同一位年輕設計師郭垚小姐，來做整體圖文風格安排，力求做到兼顧體現女王的魅力形象，以及五千年古美術的忠實呈現。

《The Queen》的籌備過程，我大量擷取年輕團隊的意見，也發現年輕人的許多視角也極具震撼感，以我們共同的努力及探索，深刻地讓五千年前複雜如神話般的女王，以最精緻的方法體現，我認為結果很令人滿意。

然後，黃鑫、黃策帶領的年輕團隊又提出來，為什麼不把我們已經完成的女王，賦予擬人角色的設定呢？這真是一個大的挑戰，全新的視野。對呀，一個能綿延一千兩百多年歷史的古國，必然有英明的王。那就，讓我們的女王成為那位英明的

君主吧！

接下來，得為她量身一個名字、出生、生平大事曆。

在良渚文化的年代裡（距今五千三百年到四千多年前），比我們史書上常說起的「上古」，還更古老些。人稱上古八大姓是指：姬、姜、姒、嬴、妘、媯、姚、姞。

姓氏的起源可以追溯到人類原始社會的母系氏族制度時期，所以中國的許多古姓都是女字旁或底。姓是作為區分氏族的特定標誌符號，如部落的名稱或部落首領的名字。討論了許久，「妙」，成為我們故事主人的家族姓氏。接下來，距今五千三百年到四千多年的良渚文化時期，有文字嗎？有可能是有的，但是不知道什麼原因，保留得很少。

據研究，由杭州良渚遺址管委會、杭州城市學研究理事會餘杭分會主辦的「良渚文化刻劃符號研究」課題專家會議，在餘杭舉行。來自江、浙、滬三地的考古專家、古文字專家等，圍繞一些「符號」進行了討論。這些「符號」有些跟甲骨文很相似，比如「王」、「土」、「五」，有些跟甲骨文完全不一樣。最關鍵的是，它們中的有一些比甲骨文更早。又根據北京東博文化研究院在 2018 年 12 月 5 日提出的心得，對照黑陶上的刻紋，與在甲骨文中找到七個同形字，此外在青銅器金文上找到三個同形字。這些文字刻於原器口緣的四周，並有鋸齒形紋繪聯絡，故知其為文字而非繪畫。

同時在餘杭所出的黑陶裡面，並有純粹的刻畫，據此，尤足證為文字無疑。但這種文字顯然還在初創時期，大約是從象形紋繪所演進的，由這些象形文字的形體觀察，不但比春秋楚國所傳的鳥篆等銅器銘刻為早，且當在甲骨文之先。陶文記載了「蝸」，即古史稱塗山氏女「媧」。

上世紀六十年代，良渚文化分佈地區，就發現了少量刻劃符號的器物，而九十年代之後，在瓶窰、安溪和良渚地區，圍繞良渚古城範圍的諸多中心型墓地和居址，出土了大量帶有刻劃符號的陶器。尤其在嘉興平湖的莊橋墳墓地，發現的刻劃「符號」數量，達到了兩百多個。

有一些符號，一看就可以辨別出來。比如類似花、鳥、龍蝦、鱷魚、毛毛蟲的形狀，有一些符號，看起來和甲骨文真的很像。

1987 年浙江餘杭南湖出土了六十多件良渚文化陶器，五件有明顯的陶文，其中尤以 87C3-658 的黑陶罐最突出。李學勤先生釋為「朱旗戔石網虎石封」，意為朱旗去石地境內網捕老虎；方向明先生則釋為：「神龍月夜在神的世界中穿越水田」。

浙江大學文化遺產研究院院長曹錦炎說：「文字是記錄語言的工具，良渚人用符號來記錄，一旦符號成熟了，就變成了文字」。2003 年至 2006 年，在對良渚文化莊橋墳遺址進行的發掘中，出土了 240 餘件刻有文字元號的獸骨、玉器、石鉞，經

辨認，這些符號是一種象形文字。這個發現，有些專家表示，良渚文字或許與傳說中的夏朝文字有很大的關係。

中國考古學界圍繞這些符號到底屬於文字還是更為簡單的符號產生爭論，但他們都表示，這一發現無疑對研究中國語言與文字具有重要意義。但所有學者都同意，暫將這些符號稱之為「原始文字」，以顯示新石器時代「良渚文化」中一種介乎於符號與文字之間的刻畫。

根據北京東博文化研究院在 2018 年 12 月 5 日提出的心得，我們綠隱書房從甲骨文以及商周青銅器金文中找到幾個字，當作女王的家族名字。於是乎，「妙吾」為第十二世女王，「妙喜」為第十三世，「妙雨」為第十四世，其女「妙唯」繼任王位，成為第十五世女王。從而有了本文開端的那段五千年前的歷史：「太陽神鳥國妙雨女王」。

綠隱書房全體人員懷抱著非常謹慎的態度，把五千年前一個必然偉大的國度，透過幾乎同一時期的玉器，加上費心設計製作的服裝，選擇了最為恰當的團隊，呈現給您，The Queen，一代女王！

黃毓麟 於二零二零年元月二日

「綠隱書房」創辦人，西華集團董事長

祀

以玉事神祀

國之大事，在祀與戎 ——《左傳》

「以玉事神」顯然是良渚文化玉琮的主要精髓。玉琮多發現於高等級墓葬，代表擁有者身份與社會地位之崇高。推想當是以王者捧玉琮於手中進行通天禮地、敬祀神鬼之盛典。

近代著名的美籍華裔學者，臺灣中央研究院前副院長、美國科學院院士張光直說，「從天圓地方這個觀念在巫術作業上的意義來看，玉琮的形狀和花紋是巫師貫通天地的本事和作業的一種清楚的象徵，而這種器物更顯示了良渚文化與殷商文化之間的連續性。」但是，如何以玉琮通天禮地，目前尚無清楚的脈絡可尋。

玉琮

Liangzhu Culture Jade Cong

太陽神鳥國女王 妙雨祭天玉禮器

Liangzhu Culture Jade Cong Ritual Tool of
the Theocracy and Power

年代：3400-2250 BC

青玉質地，外方內圓中空方柱形，九節，每節以轉
角線為中軸刻神獸圖紋。整器部分紅沁深厚，玉色
堅實而溫潤，雕工精細，全器碩大凝重，為良渚中
期罕見之精品。

高度 (Height)	22.2cm
上徑 (Upper Dia)	7.5cm
下徑 (Bottom Dia)	6.7cm

原沁五節玉琮

Liangzhu Culture Jade Cong

年代：3400-2250 BC

青玉質地，全器佈滿白灰色沁，透光呈淡黃綠色澤，
外方內圓中空方柱形，五節，每節以轉角線為中軸刻
神獸圖紋，玉色溫潤，為良渚中期罕見之精品。

高度 (Height)	12.9cm
上徑 (Upper Dia)	6cm
下徑 (Bottom Dia)	6cm

年代：3400-2250 BC

青玉質地，外方內圓中空方柱形，五節，每節以轉角線為中軸，
刻人面圖紋。圖案上部刻兩束弦紋帶，象徵羽冠，其下以單圈
為眼，凸橫檔為鼻，器身部分赭色沁深厚，玉色溫潤，整器包
漿均勻渾厚，應是明清時期以來，藏家之傳世收藏品。

高度 (Height)	15.1cm
上徑 (Upper Dia)	6.2cm
下徑 (Bottom Dia)	5.3cm

02

青玉五節玉琮

Liangzhu Culture Jade Cong

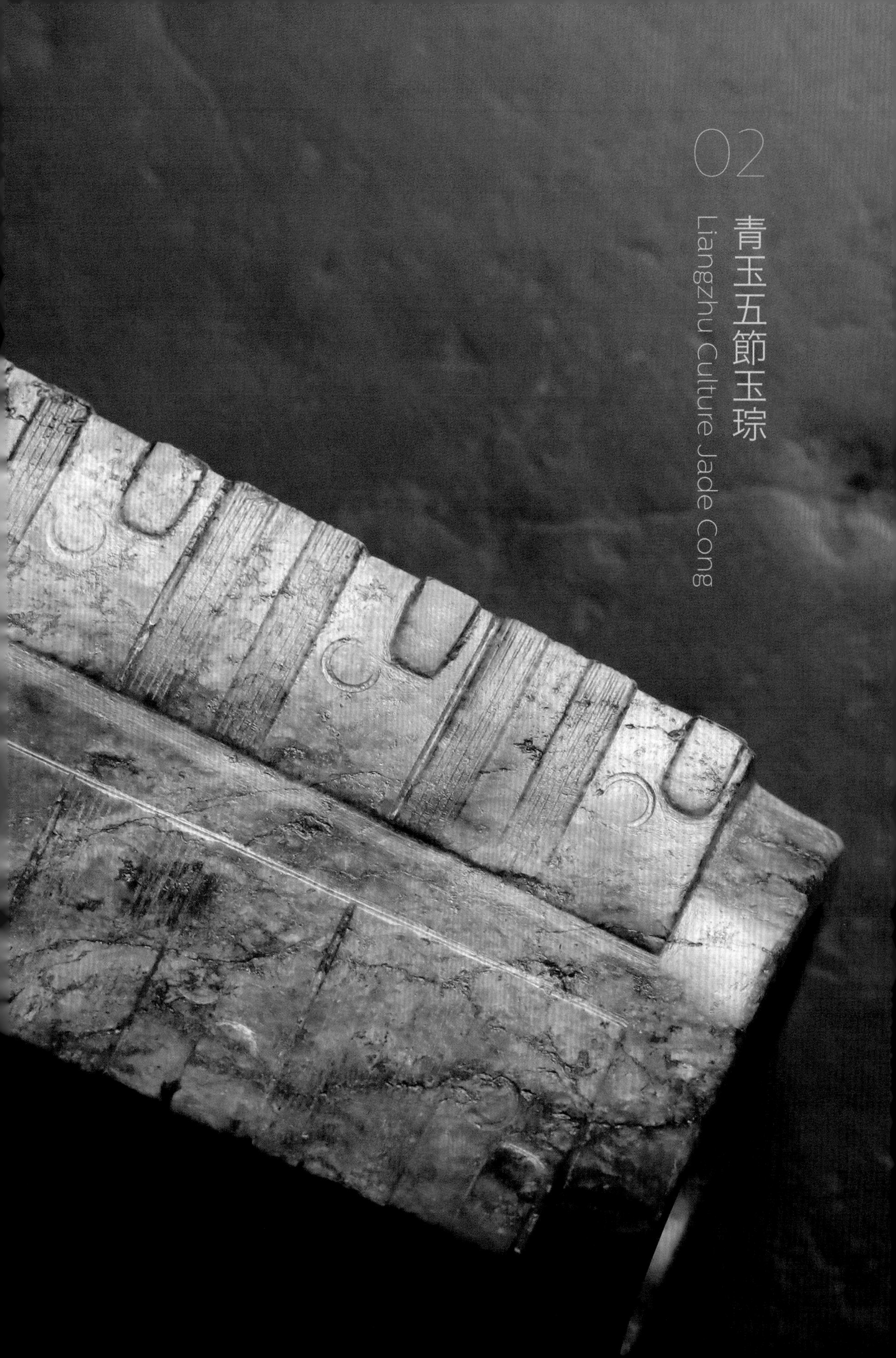

03

青玉七節玉琮

Liangzhu Culture Jade Cong

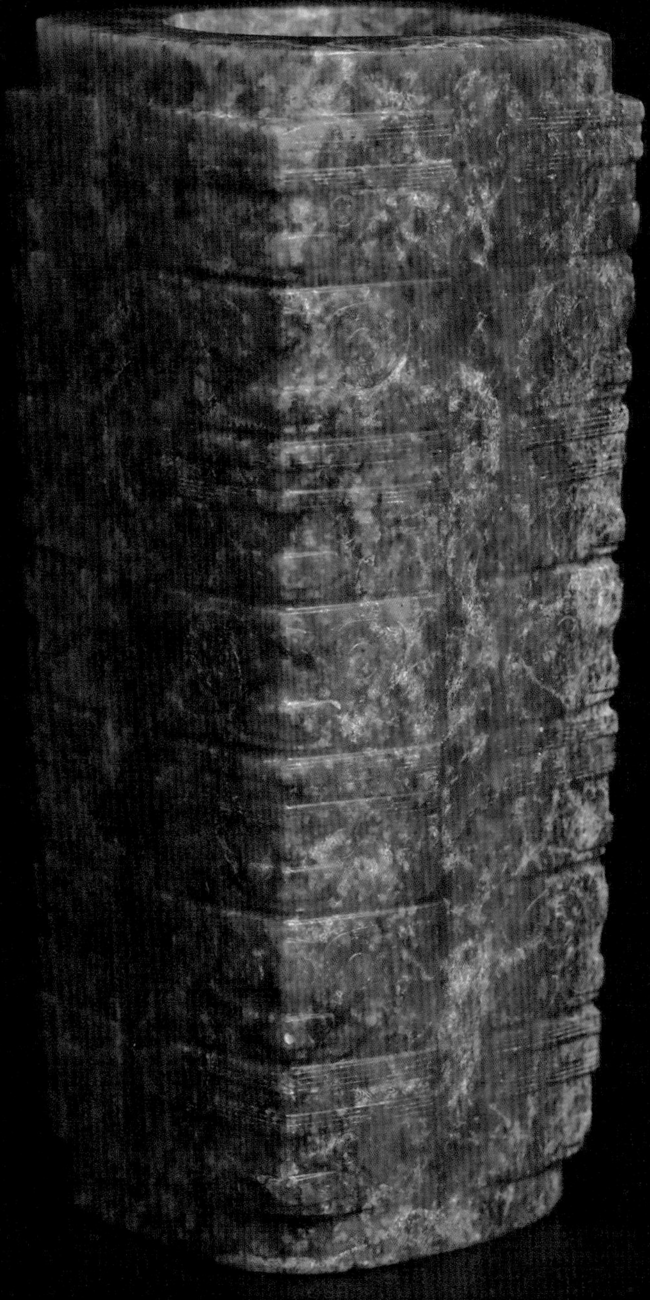

年代：3400-2250 BC

青玉質地，外方內圓中空方柱形，七節，
每節以轉角線為中軸刻神獸圖紋。整器
多部紅沁深厚，玉色溫潤，雕工精細，
為良渚中期之精品。

高度 (Height)	15.9cm
上徑 (Upper Dia)	6.8cm
下徑 (Bottom Dia)	5.9cm

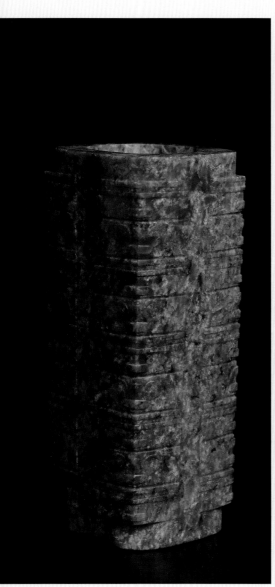

年代：3400-2250 BC

青玉質地，外方內圓中空方柱形，九節，每節以轉角線為中軸刻神獸圖紋。整器部分紅沁深厚，玉色堅實而溫潤，雕工精細，全器碩大凝重，為良渚中期罕見之精品。

高度 (Height)	23.8cm
上徑 (Upper Dia)	10.1cm
下徑 (Bottom Dia)	9.5cm

原沁七節玉琮

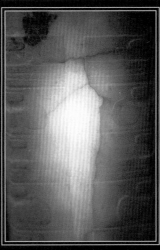

年代：3400-2250 BC

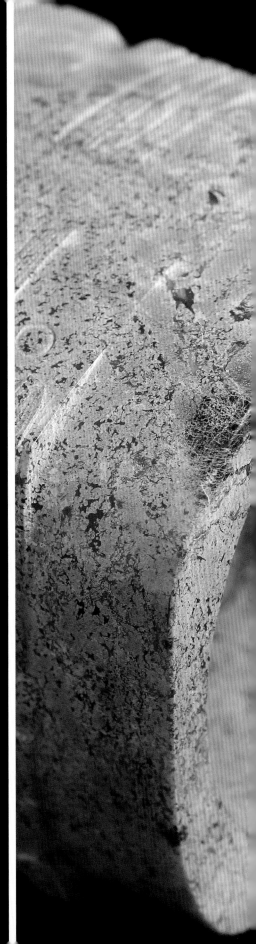

高度 (Height)	24cm
上徑 (Upper Dia)	9.4cm
下徑 (Bottom Dia)	9.4cm

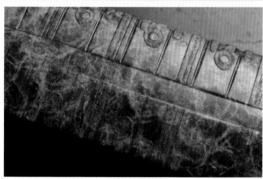

十三節玉琮

年代：3400-2250 BC

青玉質地，外方內圓中空方柱形，十三節大器磅礡，
每節以轉角線為中軸刻神獸圖紋。局部紅褐沁，全器
佈有白色植物根莖條紋，玉色溫潤玉質堅硬，為良渚
中期罕見之精品。

高度 (Height)	33.5cm
上徑 (Upper Dia)	10cm
下徑 (Bottom Dia)	9.3cm

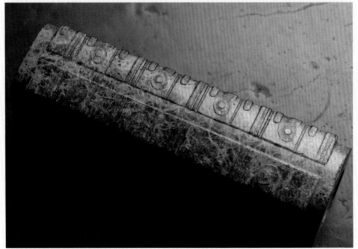

年代：3400-2250 BC

青玉質地，外方內圓中空方柱形，
九節，每節以轉角線為中軸刻神
獸圖紋。整器紅沁深厚，玉色溫
潤，為良渚中期之精品。

高度 (Height)	23.5cm
上徑 (Upper Dia)	6.8cm
下徑 (Bottom Dia)	6.3cm

08 青玉鐲式琮

Liangzhu Culture Jade Cong

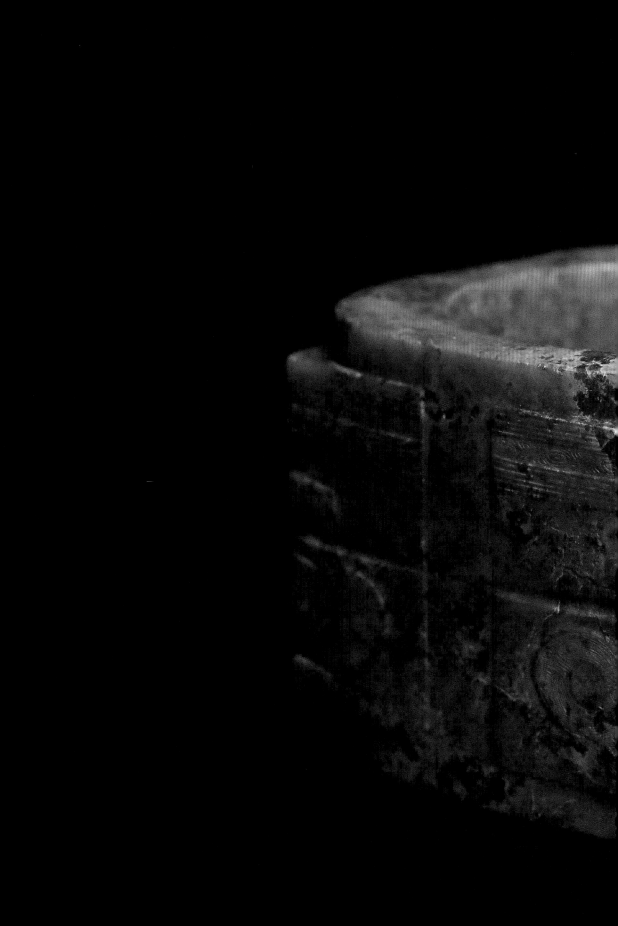

年代：3400-2250 BC

青玉質地，外方內圓中空矮柱形，兩節，每節以轉角線為中軸，
上節刻人面紋，下節神獸圖紋。整器玉質青純，部分白色土沁
深厚，玉色溫潤，為良渚中期罕見之美品。

高度 (Height)		5.8cm
上徑 (Upper Dia)		7.8cm
重量 (Weight)		527g

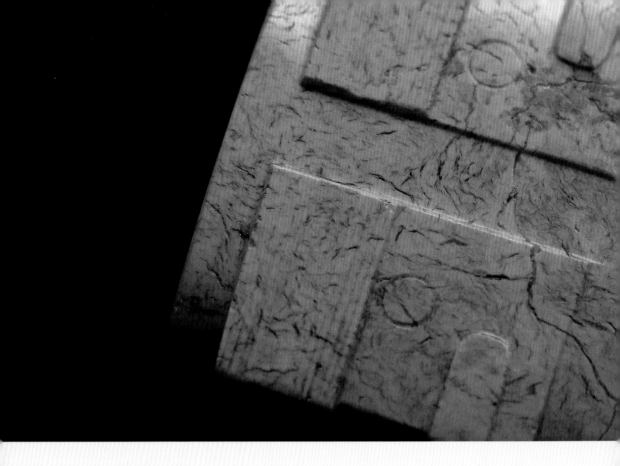

09

小玉琮

Liangzhu Culture Jade Cong

年代：3400-2250 BC

質地硬實，外方內圓中空，呈短小方柱形，兩節，每節
以轉角線為中軸，刻人面圖紋。圖案上部刻兩束弦紋帶，
象徵羽冠；其下以單圈為眼，凸橫檔為鼻。器身部分呈
南瓜黃沁，玉色溫潤，為良渚中期罕見之精品。其用途
推理可能是拇指飾器。（雖然在反山大墓內的鉞權杖也
發現有類似的小琮，但應與本藏品不是同樣用途。）

高度 (Height)	4.3cm
上徑 (Upper Dia)	2.9cm
內孔 (Inner Dia)	2.2cm
重量 (Weight)	50.4g

十節青玉玉琮

Liangzhu Culture Jade Cong

有關良渚十節玉琮

2001 年，金沙遺址出土了一件十節玉琮，它帶有典型的良渚文化特徵，製作於良渚晚期，卻在之後的一千多年裡，輾轉來到了遙遠的四川金沙。正如這件玉琮相通的中孔象徵著溝通天地一樣，玉琮從長江下游來到長江上游，同樣證明早在三千多年以前，古蜀人與外界交流之緊密，遠遠超出今人想像。在距今三千年左右，玉琮到了古蜀王手上，也成了他的寶貝。在一次盛大的祭祀中，玉琮被埋在了地下，獻給了神靈。直到三千年後，世人才再一次目睹到了它炫目的美麗。這件國家一級文物級別的玉琮共有十節，高 22.2 釐米。現館藏於金沙遺址博物館。

摘自（四川日報記者 吳曉鈴 責編：高紅霞、羅昱）

由於民俗收藏家相信十節高琮象徵十全圓滿，是故西華集團綠隱書房創辦人與臺灣霧峰林家頂厝林獻堂博物館的創辦人林芳瑛女士見面時，特地以本器十節琮共同合影，象徵雙方友誼之圓滿。詳見《人生就實現兩個字：改變》一書。

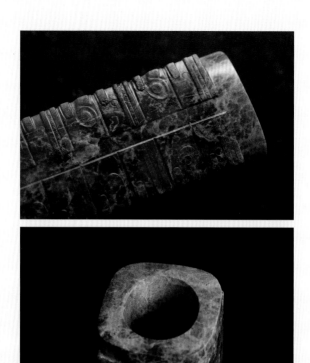

年代：3400-2250 BC

青玉質地，外方內圓中空方柱形，十節，每節以轉角線為
中軸刻神獸圖紋。部分紅沁深厚，玉色溫潤，為良渚中期
罕見之精品。

高度 (Height)	23cm
上徑 (Upper Dia)	7cm
下徑 (Bottom Dia)	6.5cm

11

玉鳥

Liangzhu Culture Jade Bird

年代：3400-2250 BC

鳥首雕琢神獸像，獸面紋以重圈為眼，有隧孔，
全器紋飾雕刻精細，呈乳黃色，為良渚中期
功能性縫綴於織物玉器之精品。

高度 (Height)	6.2cm
寬度 (Width)	8.8cm

年代：3400-2250 BC

青玉質，鳥首雕琢神獸像，獸面紋以重圈為眼。
全器局部有灰白色沁、紅沁，紋飾雕刻精細，
或因長期使用，紋飾略顯模糊，仍不失為良渚
中期功能性縫綴於織物玉器之精品。

高度 (Height)	3.6cm
寬度 (Width)	8.2cm

13

玉鳥
Liangzhu Culture Jade Bird

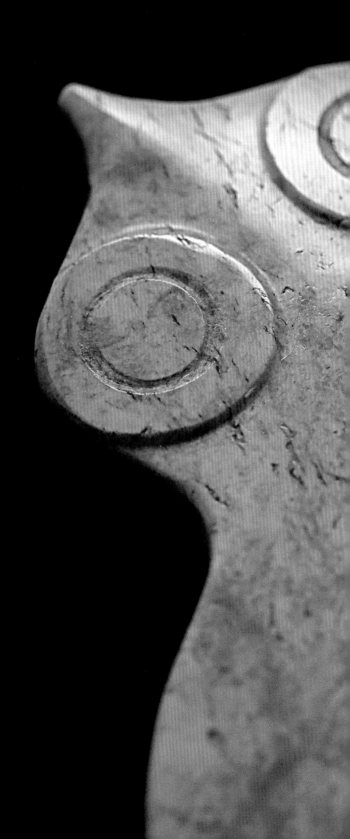

年代：3400-2250 BC

白玉質，呈現極為優美象牙黃光澤。鳥首雕琢
以重圈為眼，鳥身雕有象徵神人的縮略圖紋，
全器拋光極為細膩，呈現玻璃光澤，為良渚早
中期功能性縫綴於織物玉器中罕見之精品。

高度 (Height)　　　4.9cm

寬度 (Width)　　　5.5cm

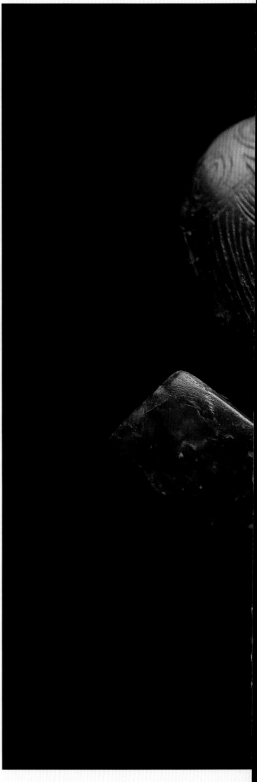

14

玉牌飾

Liangzhu Culture Jade Plaque

年代：3400-2250 BC

青玉質，略有紅沁，雙面雕刻
橢圓形重圈為眼之獸面紋，器
身下部有曲尺大嘴，為良渚早
中期玉器之精品。

高度 (Height)	4.2cm
寬度 (Width)	6cm

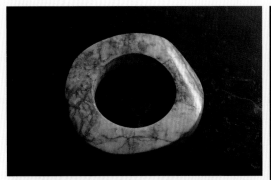

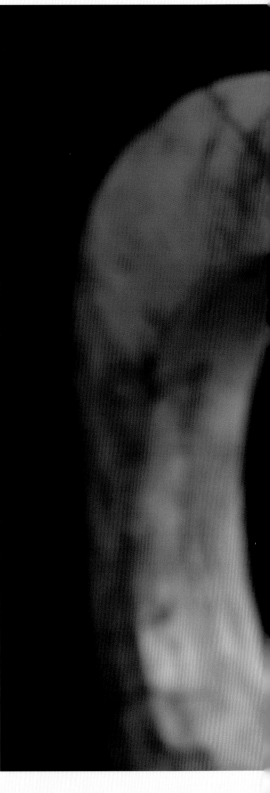

年代：3400-2250 BC

玉色溫潤呈均勻南瓜黃色澤，為良渚早期之美品。

高度 (Height)	1.8cm
直徑 (Diameter)	12cm
重量 (Weight)	296g

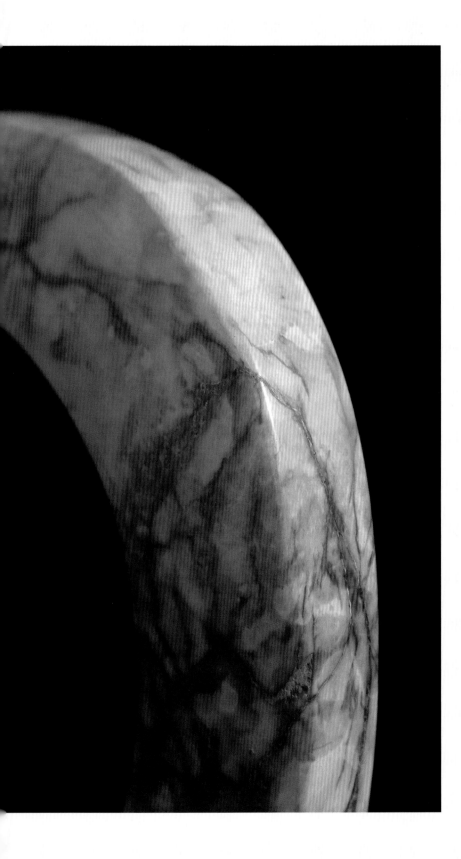

南瓜黃玉鐲

Liangzhu Culture Jade Bracelet

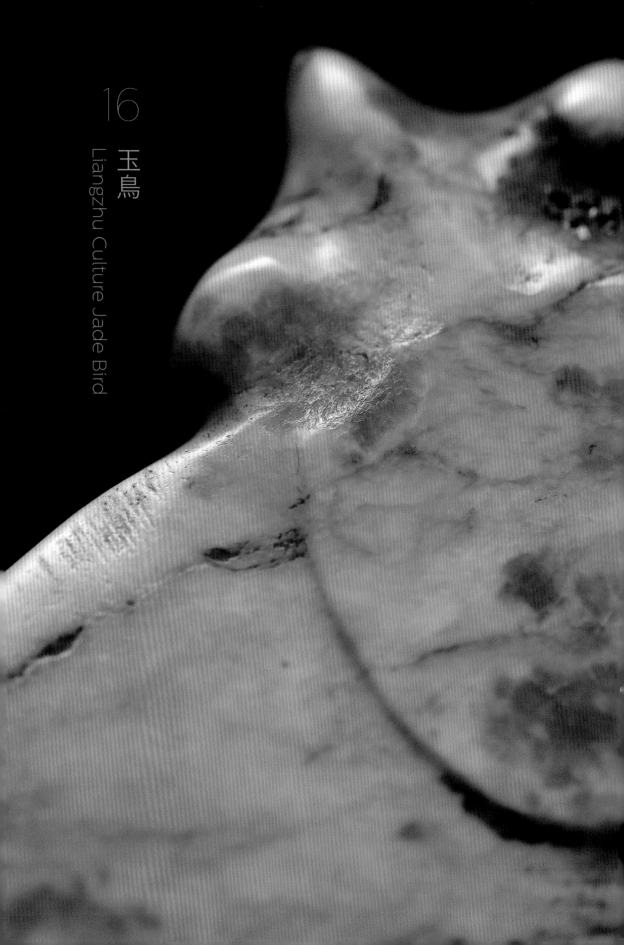

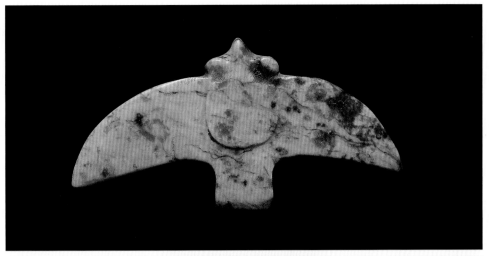

年代：3400-2250 BC

玉質呈現南瓜黃色澤，局部有褐斑沁。鳥腹素面無紋，
有一對隧孔且有數道月牙形拉鋸痕；鳥首雕琢以縮略
之凸起形象為眼；鳥身雕琢一水滴狀之橢圓形，為良
渚中期功能性縫綴於織物玉器中之美品。

高度 (Height)	3.7cm
寬度 (Width)	7.2cm

17

青玉小琮

Liangzhu Culture Jade Cong

年代：3400-2250 BC

青玉質地，玉質清純硬實。外方內圓中空，呈短小方
柱形，兩節。每節以轉角線為中軸，刻人面圖紋，圖
案上部刻兩束弦紋帶，象徵羽冠；其下以重圈為眼，
凸橫檔為鼻。器形極為工整，玉色溫潤，為良渚中期
罕見之精品。其用途推理或為拇指飾器。（雖然在反
山大墓內的鉞權杖也發現有類似的小琮，但應與本藏
品不是同樣用途。）

高度 (Height)	4.1cm
上徑 (Upper Dia)	3.2cm
內孔 (Inner Dia)	2.3cm
重量 (Weight)	71.8g

玉蛙

Liangzhu Culture Jade Frog

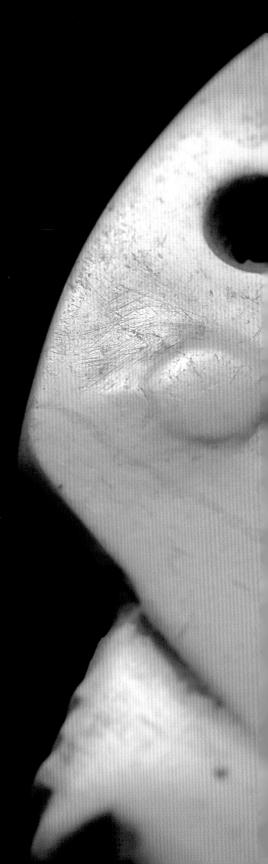

年代：3400-2250 BC

玉質，呈現俗稱之雞骨白色澤，包漿渾厚均勻，器形
生動奇特，為良渚中期功能性縫綴於織物玉器中罕見
之美品。可參見芝加哥藝術博物館 (The Art Institute
of Chicago) 一件非常類似之玉蛙藏品。

高度 (Height)	4.3cm
寬度 (Width)	4.3cm

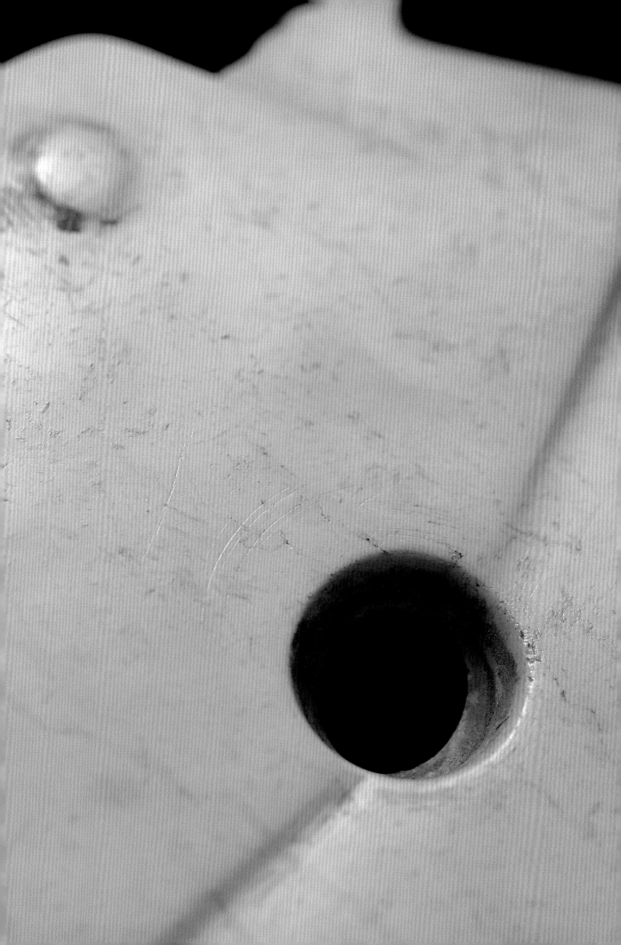

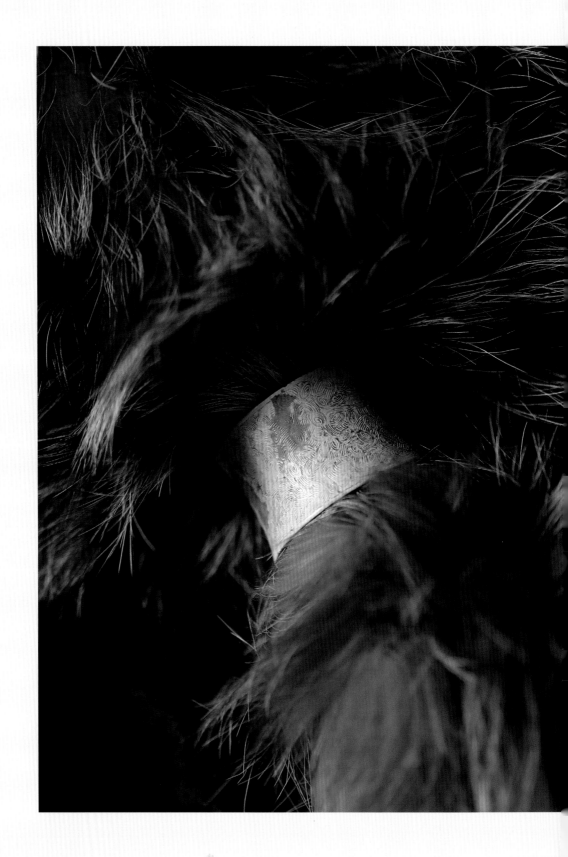

箍形器

年代：3400-2250 BC

玉質，呈現俗稱雞骨白色澤，包漿渾厚均勻，全器外壁滿布俗稱拇指紋之紋飾。

器形呈矮筒狀，中有束腰，器形美麗奇特，為良渚中期玉器中罕見之美品。其擁有者必屬於當時群體中享有崇高社會地位之權貴階層，此等造型精美之箍形玉器等飾物，正足以表彰其不凡身份之最。鑒於其用途並無明顯考證，茲試以獸皮圍脖玉器論述。

高度 (Height)	3.2cm
寬度 (Width)	5.2cm

年代：3400-2250 BC

玉鐲呈俗稱之南瓜黃色澤，外方內圓中空矮柱形，兩節，
每節以轉角線為中軸，上節刻神人紋，單圈管鑽神人眼，
以及下節之神獸圖紋，內壁略為弧凸，整器紋飾極工整
細膩，為良渚中期罕見之美品。

高度 (Height)	5.3cm
上徑 (Upper Dia)	7.7cm
重量 (Weight)	345g

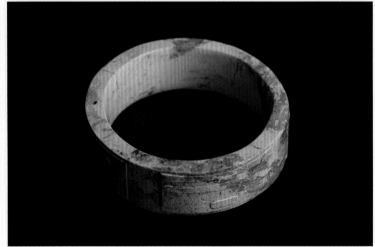

年代：3400-2250 BC

玉質受沁，全器呈現極為優美雞骨白夾雜象牙黃光澤，
共有四組紋飾，其中兩組為獸面紋，兩組為簡體羽冠
神人紋，紋飾相互交錯，極富藝術感，為良渚中期罕
見之美品。

高度 (Height)	2.5cm
直徑 (Diameter)	9.6cm
重量 (Weigth)	180.3g

年代：2500-2000 BC

(The Shijiahe culture was a late Neolithic culture centered on the middle Yangtze River region in Shijiahe Town, Tianmen, Hubei Province, China.)

此件石家河文化玉器，不但使用鏤空雕法，還運用了大量的減低起陽的工藝，此種工藝難度較大，整器工藝精湛，為石家河文化玉器中之美品。

高度 (Height)	4.8cm
寬度 (Width)	9.6cm

23

Liangzhu Culture Jade Plaque Object

豹臉形玉牌飾

年代：3400-2250 BC

遠看如片狀平面豹臉三角形，豹眼部分鏤空，雕刻簡化之神人獸面像，上部為浮雕羽冠神人，下部浮雕出獸面紋，以重圈為眼，獸嘴與牙齒刻於器底邊緣，甚有創意，全器紋飾雕刻精細，為良渚早中期罕見之美品。

高度 (Height)	4.8cm
寬度 (Width)	7.2cm

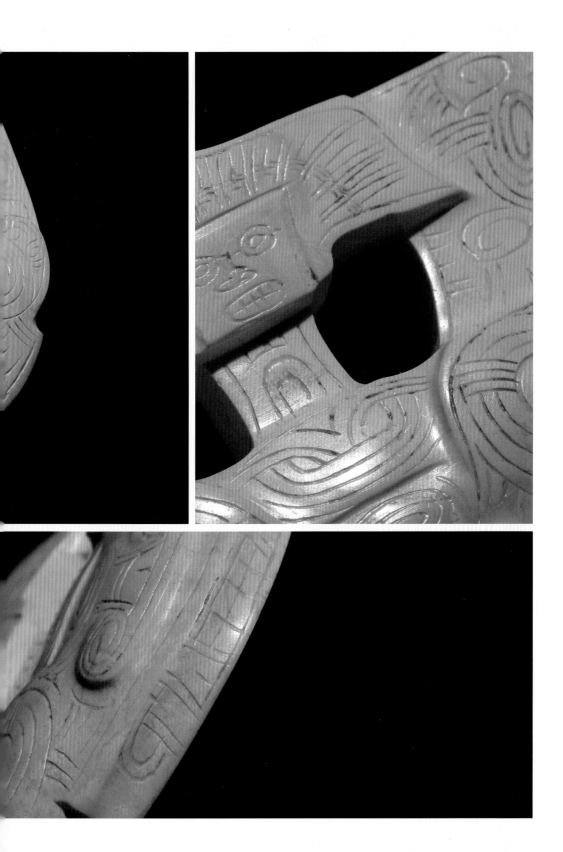

24

青玉紅沁三節玉琮
Liangzhu Culture Jade Cong

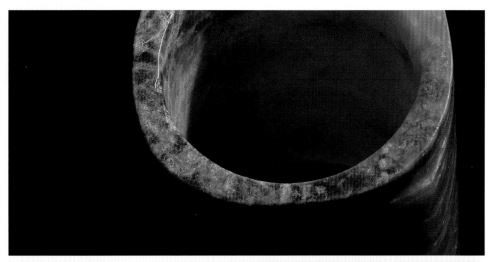

年代：3400-2250 BC

青玉質地，外方內圓中空方柱形，三節，每節以轉角線
為中軸，刻人面圖紋，圖案上部刻兩束弦紋帶，象徵羽
冠，其下以重圈為眼，凸橫檔為鼻。器身下部紅色沁深厚，
玉色極為溫潤，整器包漿均勻渾厚，應是明清時期以來，
藏家之傳世收藏品。

高度 (Height)	6.8cm
上徑 (Upper Dia)	4.9cm
下徑 (Bottom Dia)	4.7cm

25

龍首紋玉鐲

Liangzhu Culture Jade Bracelet With Dragon Head Motif

年代：3400-2250 BC

玉鐲圓形，全器呈現優美雞骨白光澤，外壁微弧凹，其上雕琢四個龍首紋。龍眼大而突，龍嘴扁而寬，眼嘴之間刻有菱形圖案。此龍首鐲俗稱蚩尤環，為良渚玉器罕見之精品。

(參見《宮華五十選》第 60 頁)

高度 (Height)	1.8cm
直徑 (Diameter)	9.9cm
重量 (Weigth)	266.5g

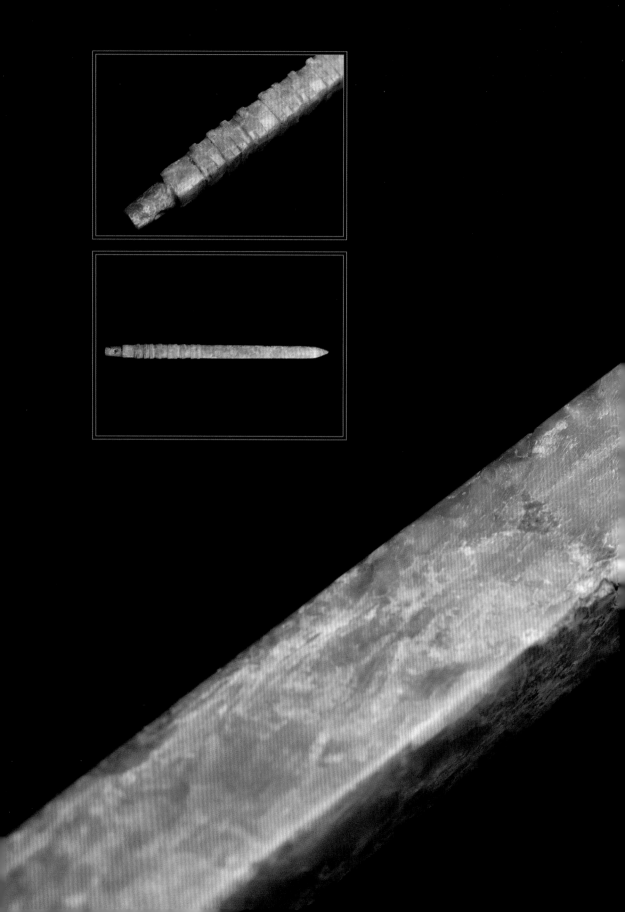

26

琮式錐形器

Liangzhu Culture Jade Awl-Shaped Object

年代：3400-2250 BC

青玉質琮式錐形器，雕刻三節簡約神像圖案，
玉質青透而硬實，為良渚早期不可多得之美器。

高度 (Height)	17.3cm
寬度 (Weight)	1.0cm
重量 (Weight)	47.5g

27

青玉琮

Liangzhu Culture Jade Cong

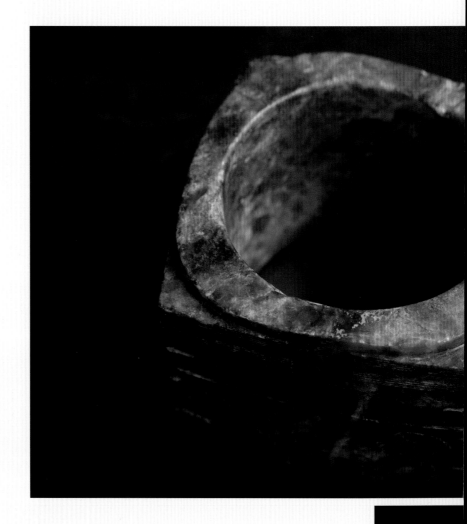

年代：3400-2250 BC

硬實青玉質地，外方內圓中空，呈方柱形，兩節，每節
以轉角線為中軸，刻人面圖紋，圖案上部刻兩束弦紋帶，
象徵羽冠，其下以單圈為眼，凸橫檔為鼻。器身部分受
深沁，但玉色不失溫潤，為良渚中期罕見之精品。

高度 (Height)	6.35cm
上徑 (Upper Dia)	8.3cm
重量 (Weight)	719g

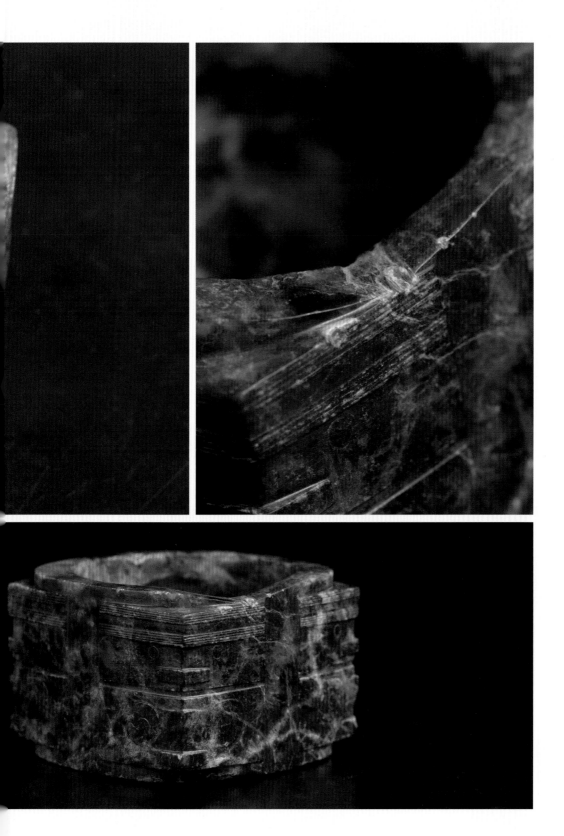

高度 (Height)	1.2cm & 1.8cm
直径 (Diameter)	8.1cm & 8.1cm
重量 (Weight)	90.4g & 94.7g

28

鐲式琮一對

Liangzhu Culture Jade Cong (A Set)

年代：3400-2250 BC

青玉質地，外微方內正圓手鐲形，單節圖案
刻兩束弦紋，象徵羽冠，其下以單圈為眼，
凸橫檔為鼻，器身部分紅色沁深厚，玉色溫
潤，為良渚中期罕見之美品一對。

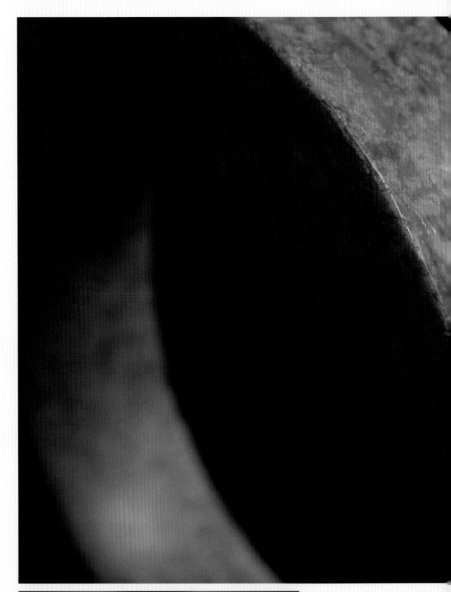

29

内外弧素面大玉鐲

Liangzhu Culture Jade Bracelet

年代：3400-2250 BC

玉鐲圓形無紋，內壁微弧凸，外壁
微弧凹，玉質硬實，光滑溫潤，為
良渚早期之美品。

高度 (Height)	1.8cm
直径 (Diameter)	9.8cm
重量 (Weight)	266.5g

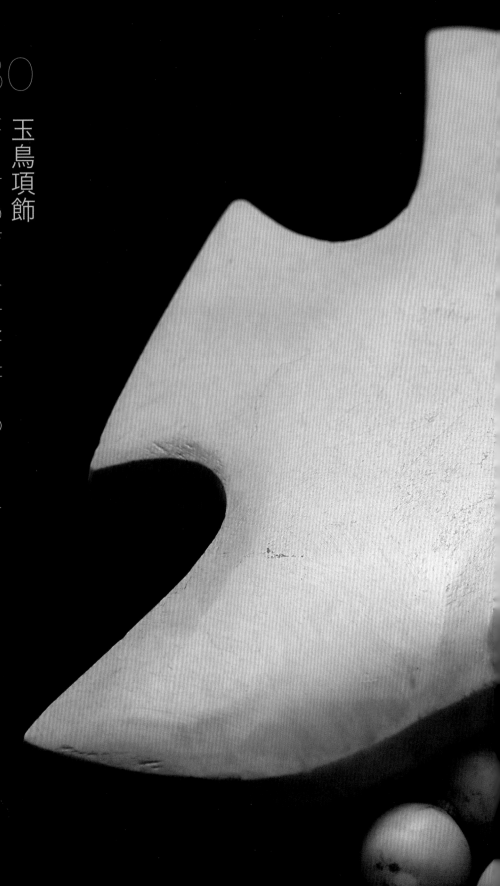

30

玉鳥項飾

Liangzhu Culture Jade Necklace Ornament

A set including jade bird and string of beads and end ornament

年代：3400-2250 BC

玉項鍊包括玉鳥、卯孔端飾和圓珠串。玉鳥之鳥首琢刻神獸像，獸嘴隨鳥喙尖凸，刻工細膩。卯孔端飾之端面大而有弧凸美感，外壁內凹，卯孔管鑽而成。玉珠打磨整齊細緻。整串玉項飾均呈雞骨白色澤，沁色乾淨，自然溫潤，顯得高貴難得。

鳥高 (Bird Height)	6cm
寬 (Width)	8.3cm

31

玉鳥一對

Liangzhu Culture Jade Birds (A Set)

年代：3400-2250 BC

俗稱雞骨白玉質，鳥首雕琢以重圈為眼，
鳥身素面無紋，全器拋光良好，為良渚
中期功能性縫綴於織物之玉器。

高度 (Height)	2.1cm & 2.1cm
直徑 (Diameter)	4cm & 4cm
重量 (Weight)	10.8g & 10.6g

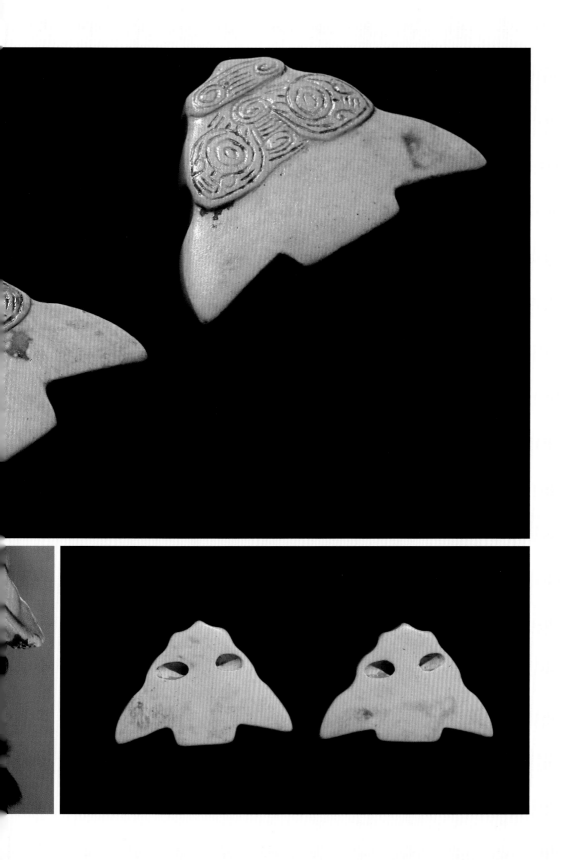

32

五組獸面紋兩節圓琮

年代：3400-2250 BC

青玉質地，圓中空矮柱形五組獸面紋兩節圓琮，上節刻
神人面紋，圖案上部刻兩束弦紋帶，象徵羽冠，其下以
單圈為眼，凸橫檔為鼻，器身部分赭紅色沁深厚，玉色
溫潤，整器包漿均勻渾厚，為良渚中期罕見之美品。

高度 (Height)	5cm
直徑 (Diameter)	12.6cm
重量 (Weight)	644g

33

權杖玉瑁

Liangzhu Culture Jade "Mao"
-part of the luxurious scepter, representing military power

年代：3400-2250 BC

玉瑁為玉鉞權杖手柄之頂端玉飾，整組權杖
應包括玉瑁、玉鉞、（象牙）長柄，和玉底鐓。
但是全套俱全者甚為稀少，本件玉瑁玉質呈
現俗稱之雞骨白南瓜黃色澤，包漿渾厚均勻，
上半部分滿布雕琢紋飾，器形生動奇特，為
良渚中期之美品。

高度 (Height)	4.8cm
寬度 (Weight)	9.9cm

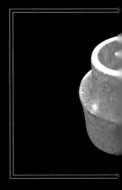

玉底鐓

玉瑁　　　　　　　　　　　玉鉞

34

玉臂護

Hongshan Culture Arm-Protective Jade Pad

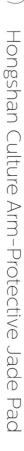

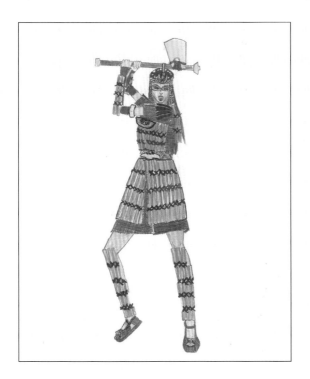

年代：4000-3000 BC

紅山文化, 發源於內蒙古中南部至東北西部一帶, 起始於五、六千年前, 是華夏文明最早的文化痕跡之一。玉護臂較為罕見, 據悉牛河梁遺址第 3 地點也出土了一件玉護臂, 玉質青綠美麗。本件玉器玉質精純, 深碧玉色澤, 有稜數道, 全器猶如手掌半張伸直, 推想為庇護王者肩甲之護身器, 更是彰顯崇高地位之象徵。

高度 (Height)	13cm
寬度 (Width)	13cm

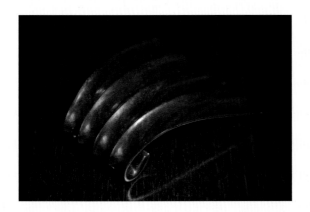

年代：4000-3000 BC

紅山文化，發源於內蒙古中南部至東北西部一帶，起始於五、六千年前，是華夏文明最早的文化痕跡之一。馬蹄形玉箍是紅山文化玉器中典型的器物之一，以其形似馬蹄，因而得名。扁圓筒狀，上端平口，下端為斜口，平口兩側各有一小孔，斜口外敞。馬蹄形玉箍之用途為何，各界專家眾說紛紜。或有認為是護臂器或祭祀中的樂器，多數學者推測為束髮器，亦有學者認為，玉箍形器上下貫通，其頂端斜口朝天，或是要尋找天與地、人與神之通道，因此推理馬蹄形玉箍乃紅山人祭祀之通天器，猶如良諸文化之玉琮，也彰顯主人身份與階級地位。

然而，頗受臺北故宮博物院所推崇的紅山文化玉器專家孫守道，則認為本器為玉冠，他還親筆為此手繪了一張圖，並寫下了他詳細的鑒賞意見。因此，我們依照他的意見，定名為「玉冠」。

位於倫敦的英國國立維多利亞阿伯特博物院專家 Ming Wilson 捧在手中欣賞甚久，給了評價，她認為本器應該列為我諸多紅山文化館藏玉器中的「鎮館之寶」(Ming Wilson 著有《英國國立維多利亞阿伯特博物院 中國古玉珍藏》等，詳見前言)

在本書虛構的故事中，這件紅山文化的玉冠，為北方部族進貢給威名遠揚的女王妙雨之珍貴獻禮，女王很喜歡它，但是甚少將它戴在頭上。

高度 (Height)	16.8cm
寬度 (Width)	10.3cm

收藏品鉴定记录

年代：红山文化
器名：弯脐形玉箍
规格：_____

专家述评：

经仔细鉴别，为红山文化玉器真品无疑。
此在传去的红山弯脐形玉箍中，是保存好好
的一件，且形制较大，是起准品，很有价值，可
供欣赏与比较研究。（难得的）

孙守道
1987年春

（右圖）孫守道手稿

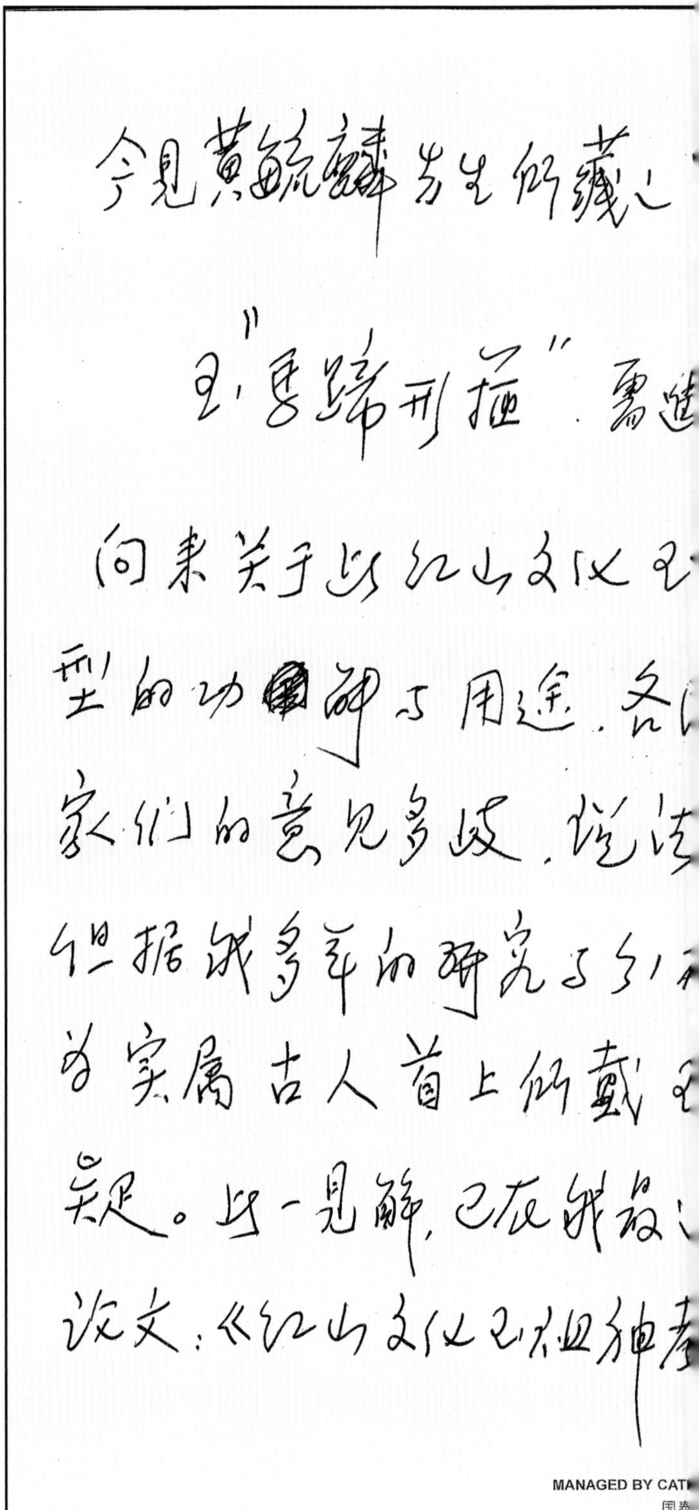
今见黄毓麟先生所藏之
玉"马蹄形插"器造
向来关于此红山文化玉
型的功能与用途，各
家们的意见多歧，说法
但据我多年的研究与分
为实属古人首上所戴玉
冠。此一见解，已在我发
论文：《红山文化玉雕神
MANAGED BY CAT
国泰

西苑飯店
XIYUAN HOTEL
中国北京三里河路一号
1 Sanlihe Road,
Beijing,China.
Post code 100044
电话 Tel : 68313388
传真 Fax : 68314577

式投出、引山参考。

故虫件 至箍，实乃 玉冠。如此，
则其价值了意义则大矣！且此
玉冠的刑制、质地了色俱佳了
珍统之。今以图示之如下：

谨此、清
鑑賞之、
则意味、
无穷也！

舒
98秋

36

棗皮紅沁玉琮

Liangzhu Culture Jade Cong

年代：3400-2250 BC

玉質堅硬，外方內圓中空方柱形，三節，每節以轉角線為中軸，上下兩節刻人面圖紋，圖案上部有兩束弦紋帶，象徵羽冠，其下以重圈為眼，凸橫檔為鼻，中間一節刻神獸圖紋。器身赭紅色沁深厚，呈現俗稱之棗皮紅沁效果。該器玉色溫潤，整器包漿均勻渾厚，非常莊重大器，為良渚早期罕見之美品。

(參見《宮華五十選》第 62 頁)

高度 (Height)	7.9cm
上徑 (Upper Dia)	7.7cm
下徑 (Bottom Dia)	7.5cm

三叉形器及配伍長管
Liangzhu Culture Jade Three-Pronged Object &
Matching Tube; Royal Jade Crown

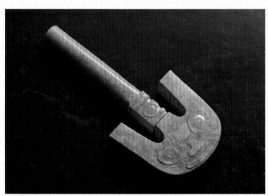

年代：3400-2250 BC

玉三叉形器，因器物上端並列三叉造型得其名。三叉形
器琢刻神人獸面紋飾，及配伍長管。器身皆呈現極為優
美象牙黃色光澤，全器器形規整精緻，且拋光極為細膩，
呈現玻璃光澤，為良渚早中期玉器中罕見之精品。

	三叉形器 Three-pronged Object Height	配伍長管 Matching Tube Height
高度 (Height)	5.6cm	9.8cm
寬度 (Width)	6.1cm	1.5cm
重量 (Weight)	86.7g	41.7g

年代：3400-2250 BC

玉龜呈現俗稱南瓜黃之優美象牙黃色光澤，頭頸奮力伸
向正前方，四爪短小外露，似作爬行狀，龜背中有明顯
折脊線，饒富藝術感，此器為良渚早中期功能性縫綴於
織物玉器中之美品。

高度 (Height)	5.2cm
寬度 (Width)	3.6cm
重量 (Weight)	20.8g

38

玉龜

Liangzhu Culture Jade Tortoise

　　有一部書很了不起，叫做《明清科考墨卷集》，搜羅了明清狀元，榜眼，探花科考文章，總計四十冊。無可爭辯的，這部書史料價值極高，但是也無疑的，在當今社會，它會是部很少人願意花錢買的書。那麼，為什麼出版方願意投入大量時間、金錢去做這件明顯不能賺錢的事呢？我認為，這就是人生對於理想境界的執著。

　　我在商議出版《太陽神鳥國女王：妙雨》這本書的同時，就曾經毫不保留地對總編輯張加君女士表達我的敬意與推崇，因為他們出版社能夠為了理想而出版《明清科考墨卷集》，與我們西華黃氏窮無盡精力只為了將五千年前的古美術，化成人人能看到的形象，這種對於理想境界的執著，無疑與張加君他們是同樣的一類人。

　　二月廿四日，世界正為了一件苦惱的疫事亂成一鍋粥，我再次為了這本書的部分呈現細節，與副總編楊容容進行最後的磋商。晤談結束，楊女士送我到電梯口時，她說，放心，交給我們！看著她說這話，竟然我有一種「瀟瀟微雨別孤館」的惋然！

　　本來，「後記」寫到這裡，就該結束了，可是，接下來又發生了件事。

　　在說事之前，我提提一位我很敬重又十分喜愛的新加坡好友，何國杰 (Ricky Ho)，說到此，若提到台灣那個史詩級巨片《賽德克‧巴萊》，其中跌宕起伏的配樂，就是他的作品，2011 年這些音樂，讓他奪下金馬獎最佳配樂的榮耀，一舉贏得臺灣人民的矚目 (winner of the Golden Horse Awards in 2011, winning the Best

Original Music Score for his work in 'Seediq Bale'.)

之後，齊柏林執導，侯孝賢監製了一部臺灣史上最貴的紀錄片《看見臺灣》，導演齊柏林特地請來這位大師做配樂。2014 年的休斯頓國際電影節中，共有四千多個作品參與激烈的競爭，何國杰的《看見台灣》拔得頭籌，獲頒最佳配樂金獎 (Gold Remi at the 47th WorldFest Houston Independent Film Festival in April 2014).

何國杰的音樂很具魔力，信手拈用如詩，無論是表達萬里漂泊之慨，或是身世飄零的情狀，皆迭有新意，也纏綿多情，他尤其偏好特殊的故事題材。久遠的比方說以前為電影《異域》作的音樂，當時原聲帶就創下了二十幾萬張的銷量記錄；又有《倩女幽魂》獲得金馬獎提名最佳電影配樂獎；近年有部以探險作家楊柳松孤身穿越羌塘無人區的真實事蹟為藍本創作的電影《七十七天》，何國杰便親自指揮保加利亞國家交響樂團進行演奏，彙集幾十人的配樂團隊，用磅礴的音樂來演繹一場奇幻探險過程的鋪陳，與最終的成泥為塵生命的凋落。

所以，當我告訴我這位音樂大師有關《太陽神鳥國女王‧妙雨》的事，他決定立即動身從新加坡趕來臺北與我一會。

我們約了二月廿八日碰面，平珩國際公司行銷經理蘇怡嘉小姐認為，談論女王妙雨這樣的故事，環境特別重要，得優雅又不受打擾才行，她推薦了臺北文華東方

Photo by BO-LIN LO

酒店五樓的 Cafe UN DEUX TROIS。

　　平靜的午後，我們就在這個中西合併風格，設計十分美感的環境裡見面，談論神秘的太陽神鳥國女王妙雨。

　　大師看著我們拍的女王照片，邊喝著咖啡，邊聆聽著女王的故事：

　　「妙雨，太陽神鳥國第十四位君主，十六歲登基。出生前適逢太湖地區縱橫千里大旱之年，出生當日天降甘霖，連五十日，遂得名。其母妙喜女王對之疼愛有加，百姓也因大雨天降深信其來自神界之天命，對其忠誠不二。妙雨女王是太陽神鳥國綿延一千兩百多年間罕見之政治家、戰略家。

　　妙雨為君，深沉有大略，用兵如神。為鞏固君權，中央設置上朝，築王宮比鄰神殿。為加強對諸侯王和地方高官之監察，在地方設置六十州部護衛史，負責督察次級別之三百郡國公渠犁屯田。妙雨又開創察舉制，遣吏至長江中上游地區部落擢拔人才，因之國力大盛，東併茶牙，南吞苦鹿，西征燎母，北破鬼常，史稱十神翼之戰。如此，遂奠定太陽神鳥國獨霸萬邦之局面，國威遠揚，諸部來朝，終結了前兩代妙吾女王、妙喜女王數十年來積弱不振、外患不斷之苦楚。

　　妙雨登基後二十七年（西元前 3187 年），崩於九鳥宮，享年四十三歲，葬於香陵。妙雨駕崩，由其女妙唯繼位，成為國之女王。一千兩百多年間，由於妙雨的偉

大貢獻，妙氏掌管太陽神鳥國長達二十六世，是貴族中最為尊貴的一支。」

　　一時間，就像 2019 年 12 月 26 日在拍攝女王那個晚上，所有的人都被眼前出現這五千年前的女王所震撼那般，大師何國杰的情感也被深深觸動，當下便決定要為女王作音樂了！

　　一陣討論，決定了為這位了不起的女王作五曲音樂，第一曲 < The Birth Of The Queen >，描寫女王妙雨出生當日天降甘霖，連五十日，遂得其名的故事。第二曲 < Enthronement > 描述女王登基的莊嚴與肅穆。第三曲 < Memorial Ceremony Of Heaven > 描寫女王作為「大祭司」祭天的神秘與莊嚴。第四曲 < Expedition Of Wars > 描繪出妙雨東併荼牙，南吞苦鹿，西征燎母，北破鬼常，史稱十神翼之戰，遂致國威遠揚，諸部來朝的局面。第五曲 < The Funeral >，用音樂訴說一代君主崩於九鳥宮，葬於香陵，舉國悲泣的場景。

　　說到這裡，大師沉吟了片刻，他考慮到現今各國都在對疫情進行旅行的管制，所以他以現實上能在新加坡完成作品的考量，他的口袋名單就包括了大提琴黎智軒、二胡江幸蓉、Horus studios 的 Leonard Fong 做 Music mastering、鋼琴則由大師自己彈奏。其他部分則等音樂創作出來再看看如何。這讓我見識到他卓越的執行能力！

　　討論結束，已近黃昏，在文華東方的門口握別！

臨行前，我對這位音樂大師說：「Don't work too hard, Ricky!」

他笑了笑，握著拳頭，說了一句《賽德克・巴萊》電影中莫那・魯道的經典句：「戰死吧，賽德克・巴萊！」

我也笑了，覺得十分幸運，有這樣一位天才的朋友！抬頭看看臺北的黃昏，竟然是如此令人心醉神移！

我隨後將這個與 Ricky Ho 會晤討論為《太陽神鳥國女王・妙雨》作曲的結果，告訴了西華黃氏的其他人，大家都開心極了，總裁洪明雅^(備註)尤其高興得拍手，說了句：「啊，只差拍成電影了！」

親愛的讀者朋友，重現「太陽神鳥國女王」的神采，我們盡了最大的努力，即便或有不足，仍然希望朋友們能喜歡！

黃毓麟 於二零二零年三月二日

「綠隱書房」創辦人，西華集團董事長

備註：洪明雅，西華集團總裁、宮保第西華美術館館長，參見《人生就實現兩個字：改變》、《宮華五十選》二書。

"Dear Mr Huang, I would be delighted if we can catch up in a not too distance future."

- David René James de Rothschild 公爵，世界最神秘、最富有羅斯柴爾德家族領袖

"Chris Huang's story is an inspiring saga of how hard work and an entrepreneurial spirit can yield personal success and a brighter future for Taiwan. I am proud to have had him as a student."

- Carol Nielsen, 榮譽退休教授，前 Bemidji State University 大學商學院院長

"Chris is warm, sincere and responsible."

- Dr Ray Holland，英國 Brunel University 大學榮譽院士

"It will be my honor to invite you and your family to Kolkata to experience the legacy of my family...hope I can fulfill my dreams to rebuild Kolkata as my family did 300 years back."

- Arup Chowdhury，印度百年皇家貴族 Sabarna Roy Chowdhury 領袖

"Chris is a self made billionaire, a very humble and warm person. ……
It blew my mind looking at his collection. Each and every item is so unique.
……He is a sincere friend to me and this is a great blessing. I admire him
because he aims only for the BEST!"

- Ricky Ho 何國杰， 新加坡音樂家，電影《賽德克．巴萊》金馬獎最佳原創電影音樂獎得主

"Chris, true to his word on the business side, showed me so much more
of a world that was unknown to me. Even though being thousands of miles
apart and from very different origins, appreciation of interests beyond pure
financial goals allowed for a bridging of gaps and distance. And a heartfelt
!thank you! for all this, my dear friend Chris!"

- Michael Kiepert， 歐洲金融家
(Note: 其祖父 Alfred Kiepert 與祖母 Mata Hari 的故事至今仍廣為流傳。
儘管祖母是歷史上最著名的間諜之一，但她的生活和冒險故事仍然吸引著人們)

"Is friendship ever always measured by the mere passage of time?

Chris and I first engaged digitally through our common passion for history and the simple gifts of life on 11th December 2016 across two continents. Our belated first meeting almost three years later culminated in the seal of a lifetime of a beautiful friendship.

Chris is a natural talent, with an abundant wealth of knowledge and experience, and an unrelenting pursuit of facts, yet sets me at immediate ease with his pure dedication and unconditional willingness to share - I remain at awe and in heartfelt appreciation of who Chris is.

His immense sensitivity to detail and keen eye on the beauties of history and art twinned with humility, warmth and generosity of the heart have become the unyielding force for me to strive to be a better person."

- Stephanie Biixante, a humble friend for life...

"Chris has done a huge work to conserve the Chinese culture for future generations. It's really important part in life of everyone."

- Oleg Semenov, 俄羅斯企業顧問

「當一個人依就著生命旅途中的內在使命，從來都不畏懼春秋歲月的崢嶸。成就東方文化的復興，需要有情的陪伴和堅守，才會有文化分享的喜樂。」

- 嘉央卓瑪，及蕭鈞瀚

"Chris is a pathfinder, family oriented and virtuous human being. In addition to his passion for the arts, learning about the journey through the complexity of the past, challenges and adversities faced, adding with the way he views the world from different angles, gives us invaluable proof of history, the arts and love in life. In more words, he is kind, wise, a life coach to inspire our lives, a torch in a darkness, definitely a great man!"

- Fabio Leandro Lemes, 巴西企業家

「我與西華黃氏老當家黃毓麟君是故交、文人之交，更是君子之交。本著堅定的友情，及再續一番百年功業的高遠抱負，決定彙聚林黃兩家之力，創立宮保第西華美術館，將古人璀璨的才華，呈現在古跡建築之中，相互輝映。正所謂：夫綺閣金門，可安其業，華夏之寶，五色交輝！祝禱上蒼能佑我館百歲康寧，如月之恆，如日之升，如松柏之茂，天寵永隆！」

- 林義德，霧峰林家（第九代）宮保第

"I have watched 2W's developments with admiration. ……A priority for Chris is not just to be successful in business but also to be a custodian of Chinese culture. To contribute to the culture during his time on earth and to leave it better than he found it, with a foundation that will remember his contribution to society and the culture he operates in, is I believe more important to Chris than being a famous academic or prominent businessman……will I am sure succeed in keeping China connected to its past as it searches for a better, peaceful and glorious future."

- Paul Turner, 英國律師，30 年友誼

國家圖書館出版品預行編目資料

太陽神鳥國女王·妙雨　The Queen / 黃毓麟著. -- 初版. -- 臺北
市：蘭臺, 2020.09
　　面；　　公分
ISBN 978-986-99137-3-7(精裝)
1.玉器 2.新石器時代 3.良渚文化

794.4　　　　　　　　　　　109008454

考古文物 10

太陽神鳥國女王·妙雨 THE QUEEN

作　　者：黃毓麟
藏品選錄：洪明雅、黃鑫、黃策
監　　修：黃鑫
服裝設計：洪福伸
攝　　影：韓嶽良、都力軍
彩妝髮型：何柏蒼
模　　特：陳姿妙
美術設計：郭垚
責任編輯：黃策
助理編輯：朱霞薇
出 版 者：蘭臺出版社
發　　行：蘭臺出版社
地　　址：台北市中正區重慶南路1段121號8樓之14
電　　話：(02)2331-1675或(02)2331-1691
傳　　真：(02)2382-6225
E-MAIL：books5w@gmail.com或books5w@yahoo.com.tw
網路書店：http://5w.com.tw/
　　　　　https://www.pcstore.com.tw/yesbooks/
　　　　　https://shopee.tw/books5w
　　　　　博客來網路書店、博客思網路書店
　　　　　三民書局、金石堂書店
經　　銷：聯合發行股份有限公司
電　　話：(02) 2917-8022　　傳　真：(02) 2915-7212
劃撥戶名：蘭臺出版社　　帳號：18995335
香港代理：香港聯合零售有限公司
電　　話：(852)2150-2100　　傳真：(852)2356-0735
出版日期：2020年9月 初版
定　　價：新臺幣1200元整（精裝）
ＩＳＢＮ：978-986-99137-3-7